© 1990, Éditions Rouge et Or
Dépôt légal : septembre 1990
ISBN 2-261-02653-6
Imprimé en France par Mame

Conforme à la loi n° 49.956 du 16 Juillet 1949
sur les publications destinées à la jeunesse.

FANNY JOLY / JEAN-NOËL ROCHUT

Qui a peur du noir ?

ROUGE & OR

C'est la nuit.
Il y a longtemps que tes parents
sont venus te faire
le dernier bisou.

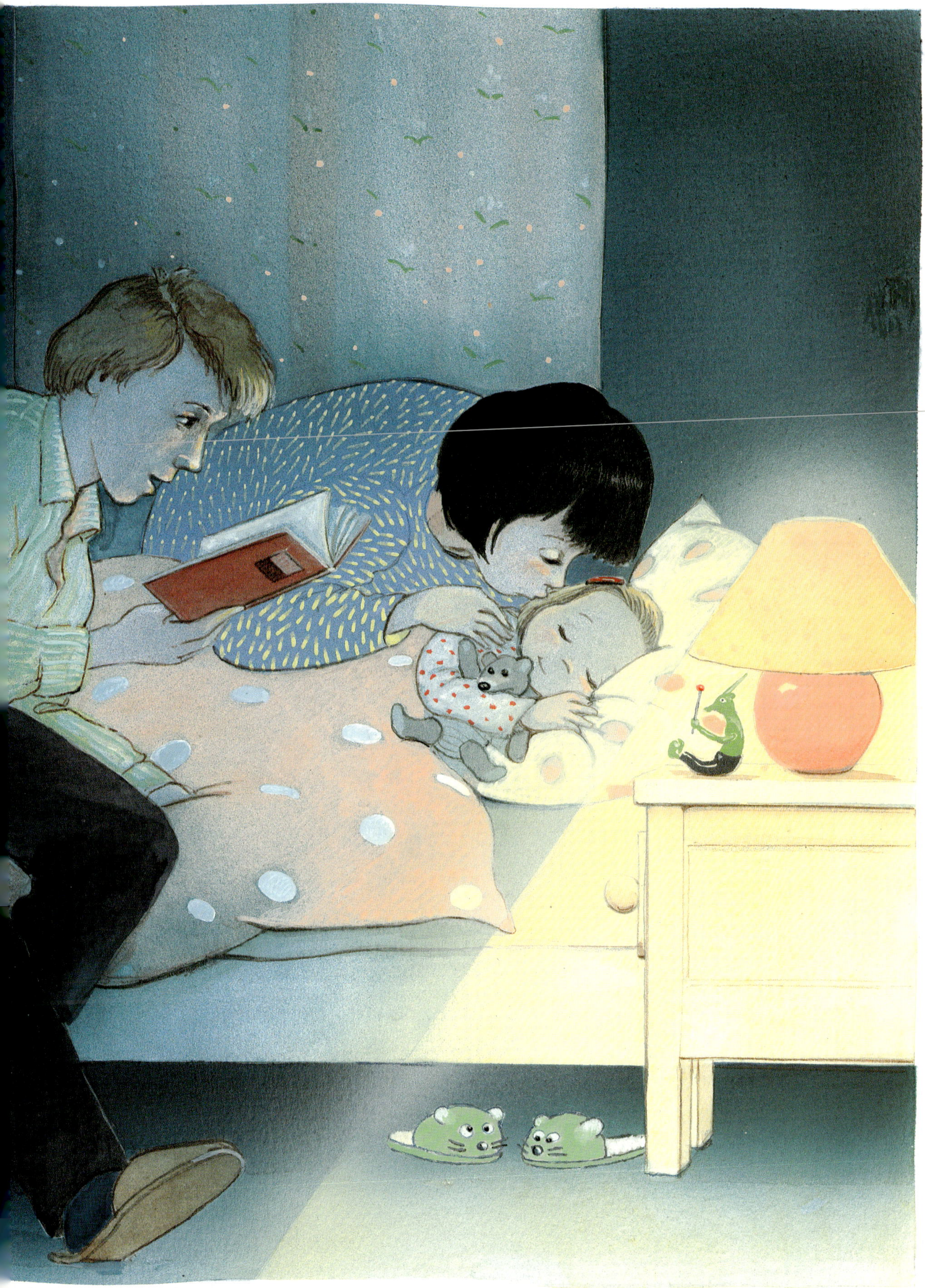

Et aussi le dernier des derniers bisous.

Et même le dernier des derniers des derniers bisous.

Mais toi,
dans tes jolis draps à pois,
tu ne dors pas.

Par la porte de ta chambre entrouverte,
tu guettes la lumière du couloir...

Tu entends la télévision dans le salon,
tes parents qui parlent et qui rient.
Tu aimerais que ça dure toute la nuit...

Mais soudain, CLAC, tout s'éteint.
Et tes parents vont se coucher.

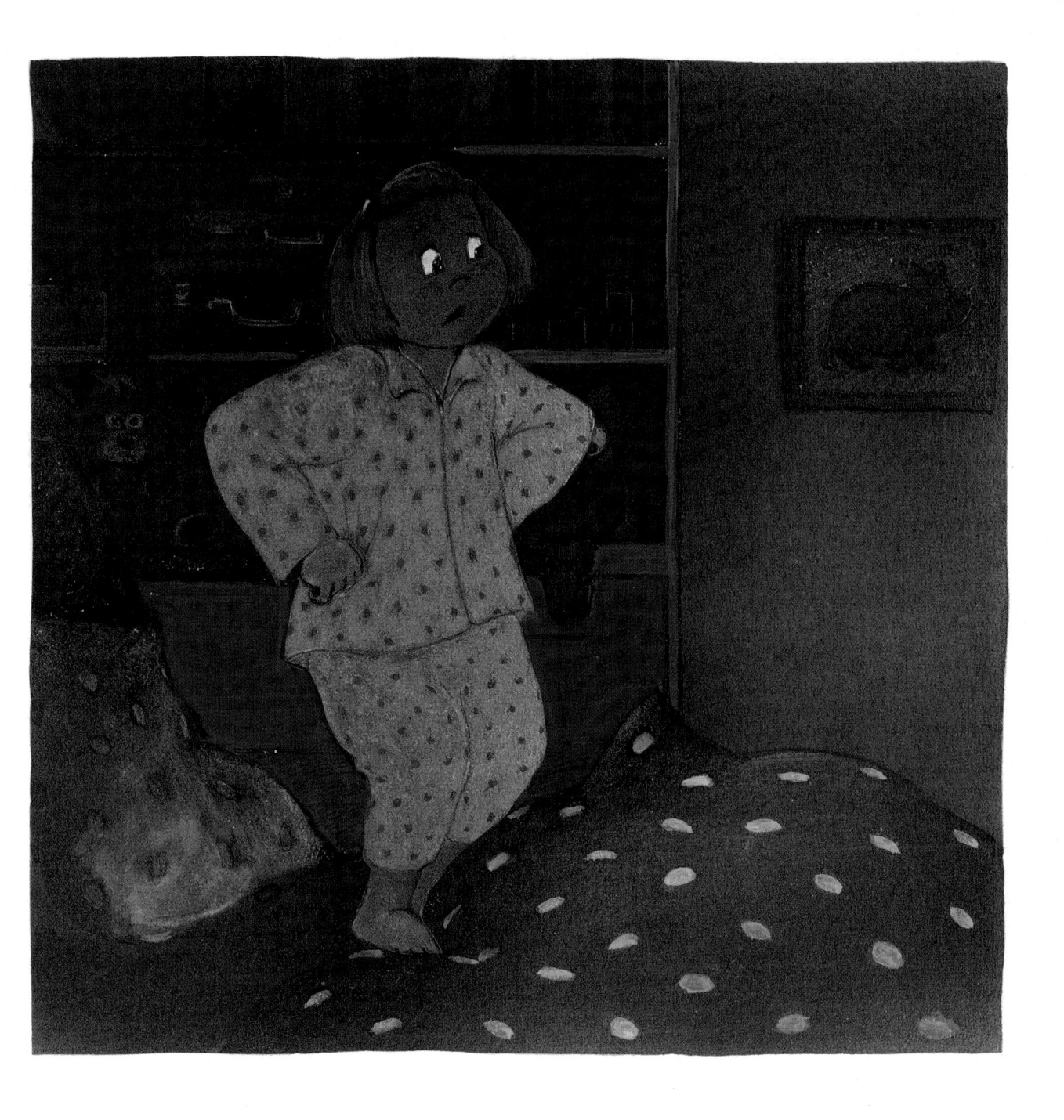

Qu'est-ce qui leur prend ?

D'habitude, ils laissent au moins la lampe du couloir allumée...

Pas question de rester dans le noir !
Tu sors rallumer le couloir.

Tu pousses le bouton.

Une fois.

Deux fois.

Mais la lumière ne t'obéit pas.

C'est horrible ! Tu n'y vois plus rien !
Le noir t'encercle comme un manteau froid
qui t'empêche de faire un pas.

Et voilà que tu sens dans ton dos
un géant menaçant qui s'approche.
Il respire. Ça fait le bruit du vent.
Toi, tu n'oses même plus respirer.

Tu entends des bruits bizarres.
Ça doit être le géant
qui prépare ses armes
contre toi.
Vite,
il faut quitter ce couloir !

Tu prends une grande respiration,
et tu décides
d'aller chercher une bougie
dans le salon.

Mais là, BOUM PATATRAS, dans un fracas de verre cassé,
des espèces d'oiseaux malfaisants
t'attaquent et crachent plein d'eau sur toi.

À peine t'es-tu relevée

que tu reçois un coup de massue.

Un monstre qui se cachait dans un coin te saute dessus.

Te voilà prisonnière dans ses bras.

Et comme si ça ne suffisait pas,

tu entends, dehors, un sinistre grincement dans la nuit.

Quelqu'un ouvre la grille du jardin.

Des pas crissent sur le gravier.

— WOUF WOUF, un chien aboie.

— TOC TOC TOC, on frappe à la porte.

— BOUM BOUM BOUM.

La porte cogne plus fort.

Et ton cœur cogne

plus fort encore.

Le chien grogne, là, tout près.

Tu as tellement peur que tu cries :

— Au secours, pitié, allumez !

Une voix te répond dans la nuit :
— Il y a de l'électricité, ici ?
Parce que chez nous, c'est coupé !

Au même instant, comme par magie,

les lampes se rallument,

la télévision aussi...

Et tu reconnais la voisine.

Tes parents sont réveillés.

La voisine et son chien sont entrés.

Et tout le monde est très étonné de te trouver tremblante au milieu du salon.

Ils t'expliquent que c'était juste
une coupure d'électricité.
Et qu'il n'y a pas plus de danger dans le noir
que dans la lumière.

Ils ont bien raison,
finalement.
Maintenant,
tu te sens prête
à affronter la nuit
la plus noire
sans trembler.